РУССКИЙ

СОРОКА 2

РАБОЧАЯ ТЕТРАДЬ

МЕНЯ ЗОВУТ Наташа

Я ЖИВУ_____

ЭТО МОЯ ТЕТРАДЬ.

MARIANNA AVERY
SOROKA 2. RUSSIAN FOR KIDS
ACTIVITY BOOK

Avery M.
Soroka 2. Russian for Kids: Activity Book.–
New Orleans: Avery M., 2017. – 64 p., il.
Illustrated by dobrkt.

www.facebook.com/marianna.avery/
www.facebook.com/groups/avery.soroka/

(1) **Вы́черкни нену́жное.**

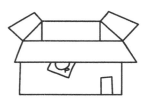

1. Это коро́бка?
   ~~коро́бке?~~

3. Это су́мка?
   су́мке?

5. Это кни́га?
   кни́ге?

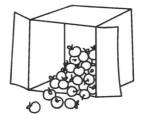

2. Что в коро́бке?
   коро́бка?

4. Что в су́мке?
   су́мка?

6. Что в кни́ге?
   кни́га?

(2) **Вста́вь пропу́щенные бу́квы и раскра́сь.**

_б_око.

_ет_ре.

ёрн _.

со_ак_.

ма_ и _а.

ту_ _ и.

③ Соедини́ и раскра́сь.

1. Где соба́ка? Соба́ка ———————— в маши́не.
2. Где мяч? Мяч в не́бе.
3. Где кни́га? Кни́га в воде́.
4. Где о́блако? Облако в до́ме.
5. Где ло́дка? Ло́дка на траве́.
6. Где ко́шка? Ко́шка на де́реве.
7. Где ма́ма? Ма́ма на сту́ле.
8. Где па́па? Па́па в ло́дке.

① (Это моё лицо́.)

Напиши́ ну́жные слова́ и раскра́сь.

у́ши   во́лосы   нос
глаза́   глаз   глаз

У меня́ больши́е _____.
У меня́ коро́ткие _____.
У меня́ дли́нный _____.
У меня́ ма́ленькие _____.
Оди́н _____ зелёный, второ́й _____ голубо́й.

рот   во́лосы   глаза́
у́хо   у́хо

У меня́ большо́й _____.
У меня́ дли́нные _____.
У меня́ больши́е _____.
У меня́ одно́ _____ большо́е, второ́е _____ ма́ленькое.

(2) Пра́вда и́ли нет?

1. Это моя́ ма́ма. У неё дли́нные во́лосы._____ ☑ ☒

2. Это мой па́па. У него́ большо́й нос._____ ☑ ☒

3. Это мой брат. У него́ ма́ленькие у́ши._____ ☑ ☒

4. Это я. У меня́ коро́ткие во́лосы._____ ☑ ☒

5. Это моя́ сестра́. У неё дли́нные во́лосы и больши́е глаза́._____ ☑ ☒

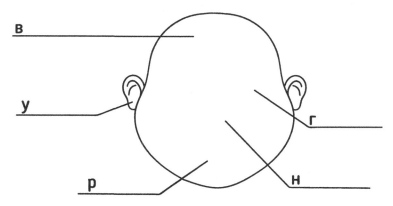

Это я.

(3) Нарису́й своё лицо́.

в _____

у _____

г _____

р _____

н _____

① Вставь нужные слова.

> парк   стадио́н   магази́н   библиоте́ка
> по́чта   кинотеа́тр

1 _____

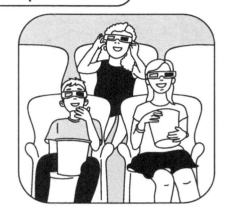

2 _____

3 _____

4 _____

5 _____

6 _____

② Вста́вь пропу́щенные слова́ во фра́зы.

Где вы? Где они?

(3) Вставь пропущенные слова.

в па́рке в библиоте́ке на стадио́не
в магази́не на по́чте в кинотеа́тре

1 Ма́ма и па́па
_____ .

2 Де́ти чита́ют кни́ги
_____ .

3 Ма́льчики и де́вочки бе́гают
_____ .

4 Ма́ма рабо́тает
_____ .

5 Ви́ка и Макси́м
_____ .

6 Дени́с и щено́к игра́ют
_____ .

4 Найди слова.

> парк   стадион   магазин
> библиотека   почта   кинотеатр

А	Б	М	А	Г	А	З	И	Н	О	П
Б	В	Г	Д	Е	Ж	Е	Е	К	Л	М
И	Р	Ш	А	К	Р	П	О	Ч	Т	А
Б	С	Э	Ь	И	О	Ц	Г	Я	Ь	Е
Л	И	Ю	Ю	Н	Л	У	Ш	Ч	Б	Н
И	Т	Я	Ф	О	Д	П	А	Р	К	Г
О	У	Ы	Ы	Т	Ж	К	Щ	С	Ю	Ё
Т	Ф	Х	В	Е	Э	Е	З	М	Й	П
Е	Х	С	Т	А	Д	И	О	Н	Ц	Р
К	Ч	Ъ	А	Т	Й	Н	Х	И	У	О
А	Щ	Д	П	Р	Ц	Г	Ъ	Т	К	Л

① Напиши́те номера́.

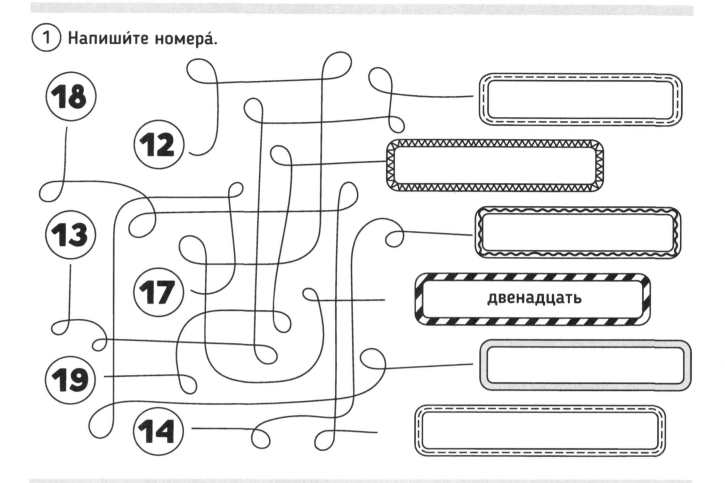

двена́дцать

② Реши́те зада́чу.

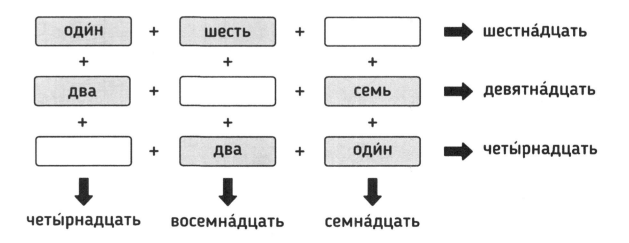

оди́н + шесть + ☐	➡	шестна́дцать
+ + +		
два + ☐ + семь	➡	девятна́дцать
+ + +		
☐ + два + оди́н	➡	четы́рнадцать

↓ ↓ ↓

четы́рнадцать   восемна́дцать   семна́дцать

③ Прочитай и соедини.

Девочки читают в библиотеке.

Мальчики в кинотеатре.

Дерево стоит в парке.

Мы живём в доме.

Они работают на почте.

Вика сидит на стадионе.

4 Вычеркни ненужное.

Где ты живёшь? – Я $\dfrac{\text{живу́}}{\text{живём}}$ в до́ме но́мер 11.

Что ты де́лаешь? – Я $\dfrac{\text{чита́ю}}{\text{чита́ет}}$ кни́гу в библиоте́ке.

Где они́ гуля́ют? – Они́ $\dfrac{\text{гуля́ю}}{\text{гуля́ют}}$ в па́рке.

Где рабо́тает ба́бушка? – Ба́бушка $\dfrac{\text{рабо́таем}}{\text{рабо́тает}}$ в шко́ле.

Где сиди́т кот? – Кот $\dfrac{\text{сижу́}}{\text{сиди́т}}$ на де́реве.

(5) **Отве́ть на вопро́сы.**

1. Где рабо́тает мужчи́на? – _____ ☐

2. Где мы живём? – _____ ☐

3. Где мы гуля́ем? – _____ ☐

4. Кто игра́ет на стадио́не? – _____ ☐

5. Кто живёт в э́той кварти́ре? – _____ ☐

6. Где рабо́тает же́нщина? – _____ ☐

ⓐ  ⓑ

ⓒ  ⓖ

ⓓ  ⓔ

1 Зада́й вопро́с «Где?» или «Куда́?»

Ма́ма идёт в магази́н.
_____*Куда*_____ идёт ма́ма?

Ви́ка в шко́ле.
_____ Ви́ка?

Дени́с и Ма́ша иду́т в магази́н.
_____ они́ иду́т?

Ба́бушка гуля́ет в па́рке.
_____ гуля́ет ба́бушка.

Ма́льчики в кинотеа́тре.
_____ ма́льчики?

Де́вочки иду́т на стадио́н.
_____ иду́т де́вочки?

② Допиши бу́квы *У* и́ли *Е*, е́сли на́до.

Ма́льчики иду́т на стадио́н____.

Ба́бушка идёт на по́чт_____.

Ви́ка и Ма́ша в кинотеа́тр____.

Дени́с в шко́л____.

Ма́ма и Во́ва иду́т в библиоте́к____.

Де́ти гуля́ют в па́рк____.

Мужчи́на рабо́тает в магази́н____.

(3) Допиши номера́.

1. Но́мер _____ *шестьдеся́т семь* _____ – мяч.

2. Но́мер _____ – соба́ка.

3. Но́мер _____ – маши́на.

4. Но́мер _____ – ло́дка.

5. Но́мер _____ – самолёт.

6. Но́мер _____ – ку́кла.

7. Но́мер _____ – кни́га.

8. Но́мер _____ – слон.

9. Но́мер _____ – зонт.

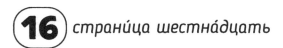
④ Напиши́ свой а́дрес.

Мой а́дрес: у́лица _____ дом_____ кварти́ра _____

Я живу́ в до́ме но́мер _____ , в кварти́ре но́мер _____

Я Андре́й. Я живу́ в до́ме но́мер три́дцать пять. Улица Садо́вая.

Я Ка́тя. Я живу́ в до́ме пятьдеся́т де́вять. Улица Морска́я.

Я Ива́н. Я живу́ в доме во́семьдесят четы́ре. Улица Шко́льная.

Я Ле́на. Мой а́дрес: у́лица Шко́льная, дом девяно́сто оди́н.

Я Юля. Мой а́дрес: у́лица Гла́вная, дом во́семь, кварти́ра пятьдеся́т.

Я Са́ша. Я живу́ в до́ме пятьдеся́т во́семь. Улица Садо́вая.

Я Ната́ша. Мой а́дрес: у́лица Морска́я, дом три́дцать три.

УЛ. САДОВАЯ

УЛ. МОРСКАЯ

УЛ. ГЛАВНАЯ

Андрей

УЛ. ШКОЛЬНАЯ

УРОК 5

(1) Иди́ к реке́.

По́мни!
↑ Иди́ пря́мо.
→ Поверни́ напра́во.
← Поверни́ нале́во.

А здесь поверни́ _____.

Здесь поверни́ _____.

А здесь поверни́ _____.

Здесь поверни́ _____.

Иди́ *пря́мо.*

Здесь поверни́ _____.

Поверни́ _____ и иди́ _____.

(2) Найди́ слова́ по те́ме «Лицо́»

во́лосы магази́н у́хо (нос) лицо́ живёт парк уши

глаза́ библиоте́ка рот ма́льчик дом глаз

③ Вста́вь пропу́щенные слова́.

> скажи́те   стадио́н   поверни́те   пря́мо   парк
>
> у́лице   домо́й   библиоте́ке

1. _____, пожа́луйста, как пройти́ на _____.

2. _____ нале́во, пото́м иди́те _____.

3. Ко́шка на _____, она́ идёт _____.

4. Вика́ и Макси́м в _____ , пото́м они́ пойду́т в _____.

④

⑤ В како́й они ко́мнате?

1. Ма́ма в _____ .

2. Па́па на _____ .

3. А́ня в _____ .

4. Во́ва и Макси́м в _____ .

Правильно или нет?

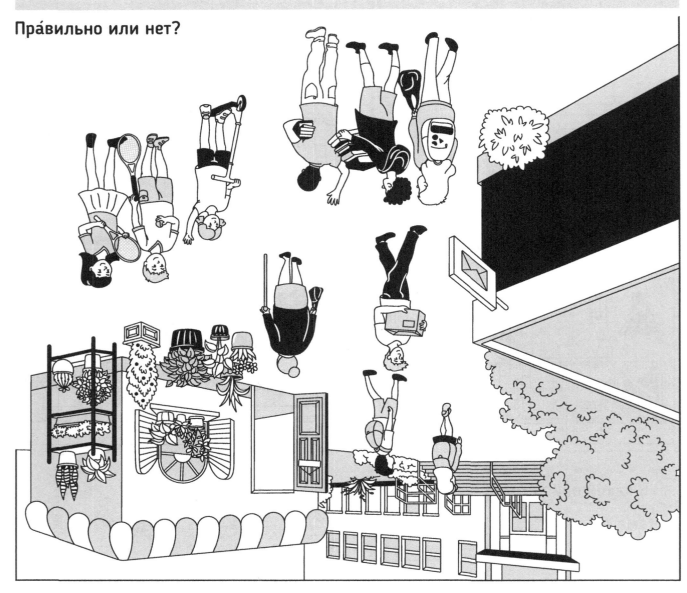

⑥

1. Бабушка идёт в библиотеку. _____ ☑ ☒

2. Папа идёт в парк. _____ ☑ ☒

3. Вика идёт в школу. _____ ☑ ☒

4. Мы идём на стадион. _____ ☑ ☒

5. Мы идём в библиотеку. _____ ☑ ☒

6. Максим идёт на почту. _____ ☑ ☒

7. Мама идёт в магазин. _____ ☑ ☒

1 Реши́ кроссво́рд.

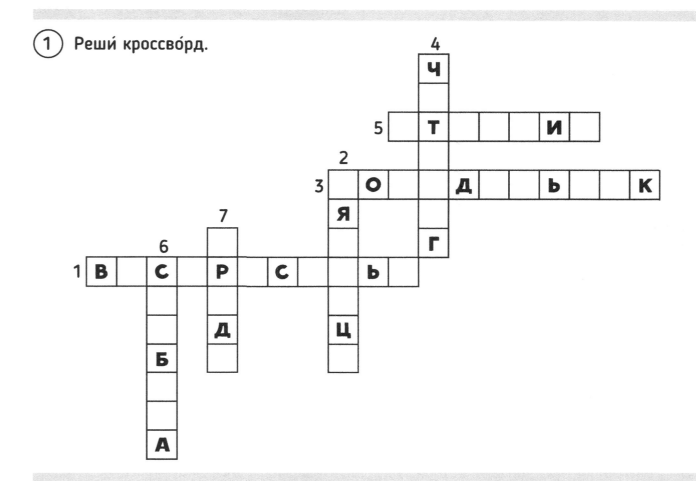

2 Вы́бери слова́ из ра́мки:

был   была́   бы́ло

Вчера́ _____ воскресе́нье.   Вчера́ _____ вто́рник.
Вчера́ _____ понеде́льник.   Вчера́ _____ суббо́та.
Вчера́ _____ среда́.   Вчера́ _____ четве́рг.
Вчера́ _____ пя́тница.

3 • Послу́шай учи́теля.
   • Допиши́ бу́кву Ц в слова́х.
   • Прочита́й слова́.

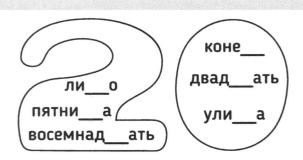

ли__о
пятни__а
восемнад__ать
коне__
двад__ать
ули__а

4 Допиши диало́ги.

 Сего́дня вто́рник. За́втра бу́дет _____.

 Вчера́ была́ суббо́та. Сего́дня _____.

 За́втра _____. Сего́дня среда́.

5 Найди́ дни неде́ли.

(среда)   магазин   четверг

квартира   девочка   мяч   понедельник   пятница

суббота   кинотеатр   вторник   библиотека   щенок

ошейник   воскресенье

6 Вста́вь пропу́щенные бу́квы.

блак   _ек_   сам_л_т   _ер_во   д_м

⑦ Запо́лни.

МОЁ РАСПИСА́НИЕ.						
ПОНЕДЕ́ЛЬНИК						
ВТО́РНИК						
СРЕДА́						
ЧЕТВЕ́РГ						
ПЯ́ТНИЦА						
СУББО́ТА						

⑧ **Отве́ты гото́вы, зада́й к ним вопро́сы.**

1. _____? Ба́бушка идёт в магази́н.

2. _____? В два часа́ у меня́ матема́тика.

3. _____? В сре́ду у меня́ матема́тика.

4. _____? В суббо́ту я иду́ на стадио́н.

5. _____? Я живу́ в э́том до́ме.

6. _____? Мы идём в библиоте́ку.

7. _____? В понеде́льник я иду́ в шко́лу.

① Как ты ду́маешь?

-Как ты _____, Оле́г
_____ вчера́ в шко́ле?
- Я ду́маю _____

-Как ты ду́маешь, где они́ _____
- Я _____, они́ бы́ли в магази́не.

-Как ты ду́маешь, где _____ Аня?
- Я ду́маю, Аня была́ _____.

-Как _____ ду́маешь, _____ идёт Ива́н.
- Я _____ , Ива́н идёт _____.

-Как ты ду́маешь, Дени́с _____
_____ моро́женое?
- Да, ду́маю, что бу́дет,
он _____ _____.

-Как _____, ба́бушка бу́дет
_____ зде́сь за́втра?
- Я _____.
Она́ зде́сь сиди́т ка́ждый день.

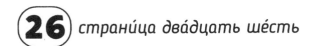
② Напиши нужные слова.

> Оле́г   Ива́н   ба́бушка   Аня   Дени́с   ма́ма и па́па

1. _____ бу́дет сиде́ть в па́рке.
2. _____ идёт на стадио́н.
3. _____ бы́ли в магази́не.
4. _____ не был в шко́ле
5. _____ была́ в библиоте́ке.
6. _____ бу́дет есть моро́женое.

③ Прочита́й.

Три ма́льчика Ива́н, Анто́н и Оле́г. Они́ живу́т в кварти́рах 29, 56, 73.
Оле́г живёт в кварти́ре 29.
Кто живёт в кварти́ре 56? Он лю́бит кино́. Он не лю́бит моро́женое и футбо́л.
Кто живёт в кварти́ре 73? Он не лю́бит кино́ и моро́женое. Он лю́бит футбо́л.

Имя	Номер квартиры	Что любит
	29	
Антон		
		футбол

④ Найди́ дни неде́ли.

> школа   парк   ~~пятница~~   слон   понедельник   велосипед
>
> компьютер   среда   воскресенье   кукла   четверг
>
> суббота   вторник   книга

⑤ Отве́ть на вопро́сы: Да, нра́вится. / Нет, не нра́вится.

1. Тебе́ нра́вится матема́тика? _____

2. Тебе́ нра́вится геогра́фия? _____

3. Тебе́ нра́вится рисова́ние? _____

4. Тебе́ нра́вится физкульту́ра? _____

5. Тебе́ нра́вится исто́рия? _____

⑥ · Послу́шай учи́теля.
　· Послу́шай, как он чита́ет бу́кву О в ра́зных слова́х.

О́ **О**

сло́н　　один

н_вый
т_же
с_лнце
тепл_
хв_ст

неб___
п___ртфель
ябл_к_
с_бака
сам_лёт

· Повтори́ слова́ за учи́телем.
· Допиши́ бу́квы в слова́х.
· Прочита́й слова́.

(7) Вставь пропущенные буквы.

 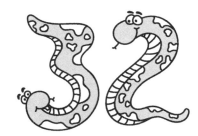 

п__т__десят во__ем__   три__ __ат__ два   д__в__ност__ __ ест__

(8) Напиши предложения.

1 девяносто	2 он	3 Сейчас	4 рисование
5 номер	6 идёт	7 в	8 стадион
9 и	10 футбол	11 на	12 живёт
13 любит	14 Антон	15 Он	16 квартире

○ _14 / 12 / 7 / 16 / 5 / 1_
○ _____
○ _15 / 13 / 10 / 9 / 4_
○ _____
○ _3 / 2 / 6 / 11 / 8_
○ _____

(1) Вста́вь пропу́щенные бу́квы.

__к__о

_азе_а

п__ат__е

к_ро__ка

___ик

(2) Вы́черкни нену́жное.

1. Положи́ в $\frac{\text{голубу́ю}}{\text{голуба́я}}$ коро́бку.

2. Ма́ша чита́ет $\frac{\text{интере́сная}}{\text{интере́сную}}$ кни́гу.

3. Де́ти иду́т в $\frac{\text{но́вую}}{\text{но́вая}}$ шко́лу.

4. Мы идём в $\frac{\text{больша́я}}{\text{большо́й}}$ кинотеа́тр.

5. Дай мне $\frac{\text{бе́лую}}{\text{бе́лый}}$ руба́шку.

6. Подари́ ей $\frac{\text{но́вый}}{\text{но́вую}}$ ку́клу.

③ Вставь пропущенные буквы.

· Послушай учителя.
· Послушай, как он читает букву Е в разных словах.

Портф_ль
прив_т
ч_тыр_
т_традь
с_стра

н_бо
лин_йка
хл_б
б_гать
д_вять

· Повтори слова за учителем.
· Допиши буквы в словах.
· Прочитай слова.

④ Допиши буквы, если надо.

1. Что это? Это моя комнат___. Кто идёт в комнат___?

2. Что это? Это интересн___ книг___. Я читаю интересн___ книг__.

3. Что это? Это больш___ коробк___. Положи в больш___ коробк___.

4. Что это? Это нов___ ящик__. Положи в но___ ящик__.

(5) Прочитай и соедини.

1. Очень жаркий день. Светит солнце._____ ☐

2. Холодно. Дует ветер._____ ☐

3. Тепло. Идёт дождь._____ ☐

4. Холодно. Идёт снег._____ ☐

5. Солнце светит, но не жарко._____ ☐

6. Дует ветер и идёт дождь._____ ☐

(а)

(б)

(в)

(г)

(д)

(е)

(6) **Найди слова о погоде.**

дождь	белый	снег	тепло	голубой	хороший
квартира	дом	погода	кухня	облако	солнце
собака	письмо	жарко	ветер	холодно	книга

(7) **Выгляни в окно. Какая сегодня погода?**

Сегодня идёт дождь? _____

Сегодня идёт снег? _____

Сегодня светит солнце?_____

Сегодня дует ветер?_____

Сегодня холодно?_____

Сегодня тепло?_____

Сегодня хорошая погода?_____

(1) **Отве́ть на вопро́сы**

1. Ты ви́дишь слона́? _____ *Да, я вижу слона.* _____

2. Ты ви́дишь Оле́га? _____

3. Ты ви́дишь де́рево? _____

4. Ты ви́дишь Ната́шу? _____

5. Ты ви́дишь верблю́да? _____

6. Ты ви́дишь Ма́шу? _____

7. Ты ви́дишь ти́гра? _____

8. Ты ви́дишь обезья́ну? _____

9. Ты ви́дишь Дени́са? _____

10. Ты ви́дишь Ива́на? _____

Ви́ка, Макси́м, Аня и Во́ва в зоопа́рке.

А

Б

② Карти́нка А и́ли Б?

1. Обезья́на на де́реве.. [А] [Б]

2. Верблю́д пьёт во́ду... [А] [Б]

3. Верблю́д стои́т... [А] [Б]

4. Ви́ка ест моро́женое.. [А] [Б]

5. Аня ви́дит ти́гра.. [А] [Б]

6. Слон ест я́блоко.. [А] [Б]

7. Макси́м покупа́ет во́ду.. [А] [Б]

8. Во́ва ви́дит обезья́ну... [А] [Б]

③ Встáвь пропýщенные бýквы.

- Послýшай учи́теля
- Послýшай, как он читáет бýквы Ш и Щ.

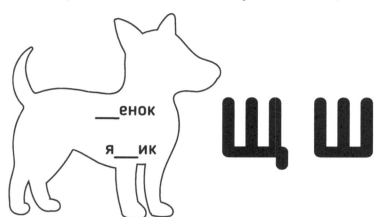

___енок

я___ик

Щ Ш

___есть
руба___ка
ко___ка
ма___ина
каранда___
___кола
хоро___о
бабу___ка

- Допиши буквы, прочитай слова

④

Кто это? _____

Кто это? _____

Кто это? _____

Кто это? _____

(5) Кроссво́рд.

(6) Вста́вь пропу́щенные бу́квы.

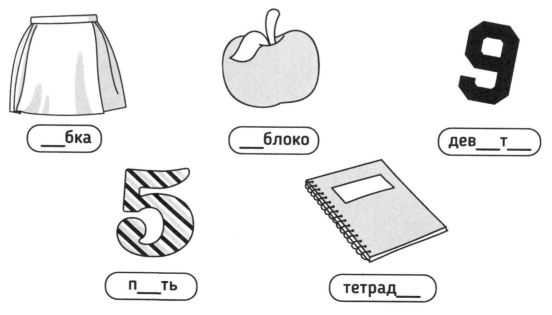

___бка

___блоко

дев___т___

п___ть

тетрад___

1 Впиши́ ну́жные слова́.

когда́   у́тром   днём   ве́чером   никогда́

1. *Когда́* мы идём в шко́лу? *Утром.*

2. _____ ты гуля́ешь? _____

3. _____ ма́ма смо́трит телеви́зор? _____

4. _____ ба́бушка обе́дает? _____

5. _____ учи́тель рабо́тает? _____

6. _____ ты у́жинаешь? _____

2 Отве́ть на вопро́сы.

1. Каки́е уро́ки у тебя́ сего́дня? _____

_____

2. Каки́е уро́ки у тебя́ бу́дут за́втра? _____

_____

3. Каки́е уро́ки у тебя́ бы́ли в сре́ду? _____

_____

3 Прочита́й предложе́ния.

1. Дедушка встаёт очень рано, в 5 часов. Иногда он встаёт в 6 часов.
2. Он пьёт кофе. Он никогда не пьёт чай, он не любит чай.
3. Утром дедушка гуляет на улице с собакой.
4. Каждое утро он читает газету. Он не любит компьютер.

Перепиши́ предложе́ния.

1. _____

_____

2. _____

_____

3. _____

4. _____

_____

4 Отве́ть на вопро́сы *Да* и́ли *Нет*.

1. Ты обе́даешь ка́ждый день? _____

2. Ты всегда́ смо́тришь телеви́зор? _____

3. Ты чи́стишь зу́бы ве́чером? _____

4. Ве́чером ты гуля́ешь с соба́кой? _____

5. Ты ча́сто игра́ешь на компью́тере? _____

6. Ты никогда́ не пьёшь чай? _____

(5) · Послу́шай учи́теля.
· Обрати́ внима́ние, на то, как учи́тель чита́ет « ь » в слова́х.
· Повтори́ за учи́телем слова́.

нел___зя

тепер___

восемнадцат___

спал___ня

ден___

здес___

фил___м

играт___

понедел___ник

физкул___тура

· Допиши́ бу́кву « ь » в слова́х.
· Прочита́й слова́.

(6) · Допиши́ предложе́ния.
· Вставь слова́ из ра́мки.

(чи́щу)   (за́втракаю)   (иду́)   (опа́здываю)   (встаю́)

1. Я _____ в 7 часо́в.

2. Я _____ зу́бы.

3. Я _____ .

4. Я _____ в шко́лу.

5. Я никогда́ не _____ .

(7) Вставь пропущенные буквы.

б__б__ио__ека

__инот__атр

ма__а__ин

ста__ио__

(8) Прочитай.

Расписание.

Аня, Вика и Маша учатся в школе. У них уроки в 9, 10 и 11 часов.

Это Аня. У нее урок в 9 часов.

Какой урок в 10 часов? – В 10 часов математика.

Какой урок в 11 часов? – Это не математика и не русский язык.

Теперь заполни таблицу.

Имя	Время	Урок
	9	
Вика		
		Литература

① Допиши бу́квы в слова́х.
Напиши́ отве́т на вопро́с: *Ско́лько?*
Мно́го и́ли оди́н?

Ско́лько стол_____?

Ско́лько самолёт_____?

Ско́лько слон_____?

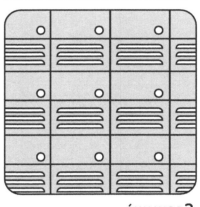

_____ я́щиков?

_____

_____ компью́теров?

_____

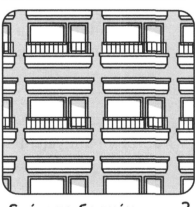

Ско́лько балко́н_____?

_____

_____ облако́в?

_____

_____ я́блок?

_____

_____ вре́мени?

Семь _____.

② • Послу́шай учи́теля.
   • Обрати́ внима́ние, как он чита́ет бу́кву Ю в ра́зных слова́х.

иди с___да
бега___т
игра____т
гуля___
на кухн____
в спальн___

• Повтори́ слова́ за учи́телем.
• Допиши́ бу́квы в слова́х.
• Прочита́й слова́.

③ Вста́вь пропу́щенные бу́квы в слова́х.

___о___ос___
___ла___
у___о
___ос
ро____

④ Один? Одна? Одно? Напиши слова.

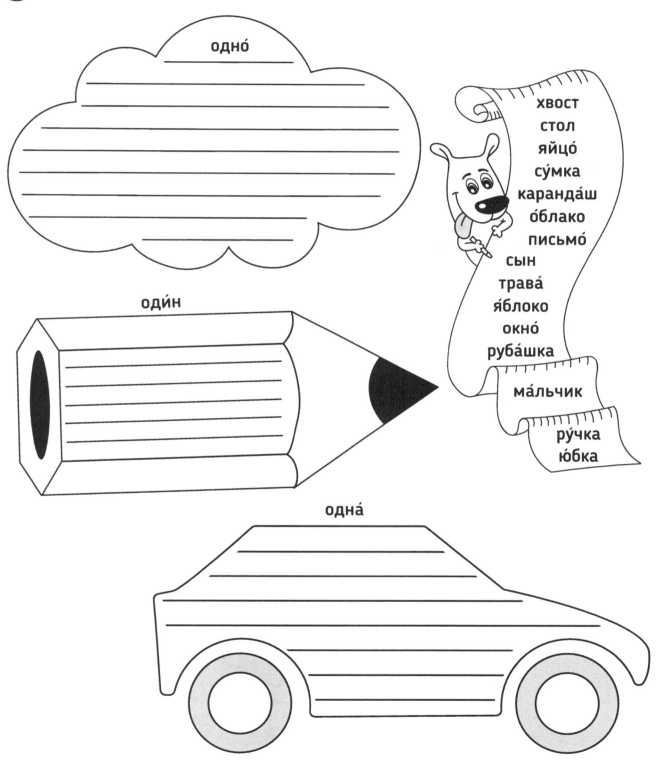

одно

один

одна

хвост
стол
яйцо
сумка
карандаш
облако
письмо
сын
трава
яблоко
окно
рубашка
мальчик
ручка
юбка

Мно́го и́ли ма́ло? Ско́лько?

(5) Вста́вь слова́ из ра́мки:

много	мало	сколько	машина	машин	кот
котов	зонтик	зонтиков	книга		книг
		яблоко	яблок		

Сколько _____ на улице?

_____

Сколько _____ на дереве?

_____

Сколько _____ в парке?

_____

Сколько _____
на столе? _____

Сколько _____ ? _____

На столе́ нет я́блок, я́блоки в я́щике.

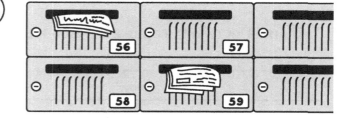

1 Допиши́ бу́квы, е́сли на́до.

1. На де́рев __*е*__ нет кот__*ов*__.

2. В па́рк_____ нет соба́к_____. Соба́к_____ сего́дня не гуля́ют, идёт дождь.

3. Ве́чер. На у́лиц_____ нет маши́н_____.

4. В кварти́р_____ нет телеви́зоров_____.

5. В я́щик_____ нет книг_____ и газе́т_____.

6. В магази́н_____ нет я́блок_____, мы покупа́ем апельси́н_____.

7. На стадио́н_____ нет де́воч_____, то́лько ма́льчик_____.

8. За́втра у меня́ нет уро́к_____, за́втра воскресе́нье.

9. В за́мке нет тури́ст_____, но есть привиде́ние.

10. У нас в зоопа́рке нет ти́гр_____.

(2) Соста́вь предложе́ния из слов и запиши́ их.

1. В мяча есть нет гараже велосипед, но

_____

_____

2. но есть книги В телефон, комнате нет

_____

_____

3. На коробки есть ящик, нет чердаке но

_____

_____

4. В балконов нет доме

_____

_____

5. книги Здесь но много компьютеров, нет

_____

_____

6. В гаража нет чердака и доме нет

_____

_____

(3) Вста́вь пропу́щенные бу́квы в слова́.

Зо___па___к   ти___р   в___рбл___д   с___он   ___без___яна

④ Соедини.

а   б   в   г   д

1. У него́ есть соба́ка, но нет ко́шки. _____ ☐

2. У него́ есть ко́шка, но нет соба́ки. _____ ☐

3. У него́ есть кни́га, но нет коро́бки. _____ ☐

4. У него́ есть коро́бка, но нет кни́ги. _____ ☐

5. На чердаке́ мно́го коро́бок. _____ ☐

⑤ Два и́ли две?

____ улицы, ___ машины, ____ мяча. _____ дома, ____ крыши, _____балкона.

_____ облака. _____ собаки, _____ девочки. _____ дерева, _____ кота.

⑥ Напиши задачу в тетрадь. Реши задачу.

На столе восемь яблок и десять апельсинов.

В ящике ещё два яблока и два апельсина.

Сколько всего яблок и апельсинов?

_____

_____

_____

_____Всего:_____

⑦ Вставь пропущенные буквы.

- Послушай учителя.
- Послушай, как он читает букву Ё в разных словах.

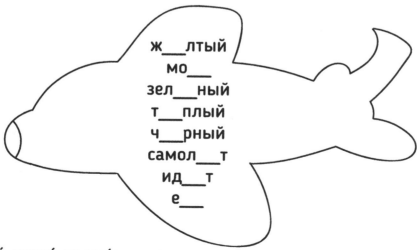

ж__лтый
мо__
зел__ный
т__плый
ч__рный
самол__т
ид__т
е__

- Повтори слова за учителем.
- Допиши буквы в словах.
- Прочитай слова.

(1) Вставь слова из рамки.

два	три	нет	много	пять	сколько	11

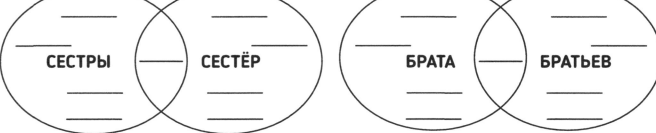

② •Послу́шай учи́теля.
•Послу́шай, как учи́тель чита́ет э́ти слова́.
•Повтори́ за учи́телем слова́.

друго___	како___
сто___	здравству___те
домо___	е___
оше___ник	в это___
про___ти	по___ти

•Допиши́ бу́кву Й в слова́х.
•Прочита́й слова́.

③ Вста́вь пропу́щенные бу́квы.

с___стра   ___рат   па___а   мам___

___абу___ка   де___у___ка   с___н   доч___

④ Напиши́ ну́жные чи́сла.

пятнадцать

восемь   двадцать два   ?   ?

5 Где сде́ланы фотогра́фии?

в па́рке   в зоопа́рке   на стадио́не   до́ма на ку́хне   в кинотеа́тре

в шко́ле   в магази́не   в библиоте́ке

1.

2.

в библиоте́ке

3.

4.

5.

6.

7.

8.

(6) Сравни две картинки.

1. На картинке А есть дом, на картинке Б _____.

1. На картинке Б есть стул, на картинке А _____.

2. На картинке А есть облака, на картинке Б _____.

2. На картинке Б есть солнце, на картинке А _____.

3. На картинке А есть кот, на картинке Б _____.

3. На картинке Б есть девочка, на картинке Б _____.

4. На картинке А есть собака, на картинке Б _____.

4. На картинке Б есть самолёт, на картинке А _____.

5. На картинке А есть машина, на картинке Б _____.

5. На картинке Б есть река, на картинке А _____.

6. На картинке А есть мяч, на картинке Б _____.

6. На картинке Б есть лодка, на картинке А _____.

(1) Ве́рно и́ли нет.

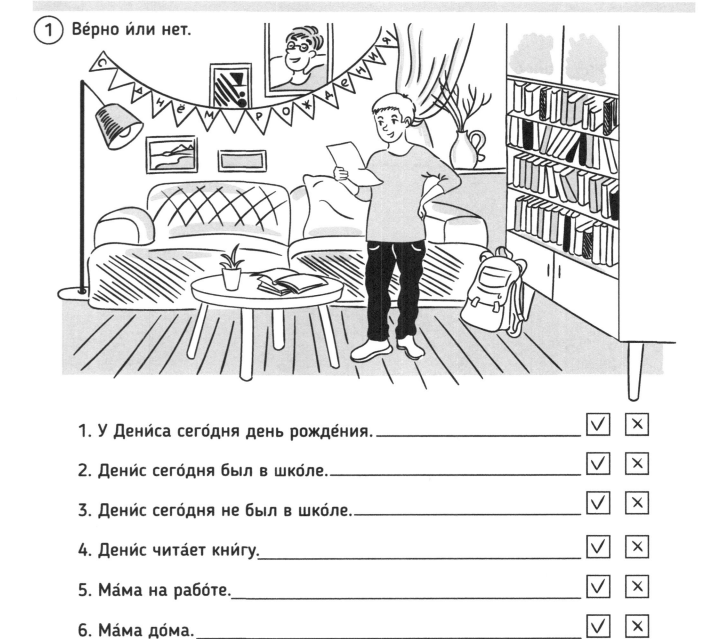

1. У Дени́са сего́дня день рожде́ния._____ ☑ ☒

2. Дени́с сего́дня был в шко́ле._____ ☑ ☒

3. Дени́с сего́дня не был в шко́ле._____ ☑ ☒

4. Дени́с чита́ет кни́гу._____ ☑ ☒

5. Ма́ма на рабо́те._____ ☑ ☒

6. Ма́ма до́ма._____ ☑ ☒

7. Дени́с сейча́с в па́рке._____ ☑ ☒

8. В ко́мнате нет балко́на._____ ☑ ☒

9. В ко́мнате есть де́рево._____ ☑ ☒

10. В ко́мнате мно́го книг._____ ☑ ☒

② Соста́вь предложе́ния из слов.

1. рожде́ния / день / Дени́са / У / сего́дня – _____

2. на / Его́ / пода́рок / ку́хне – _____

3. оди́н / зоопа́рке / слон / В – _____

4. но́мер / шко́ла / 58 / На́ша – _____

③ Соедини́.

а б в г

д е ж з

1. Они́ живу́т в э́той кварти́ре. _____ ☐

2. В воскресе́нье они́ бы́ли в зоопа́рке. _____ ☐

3. Он чита́ет газе́ту. _____ ☐

4. Они́ покупа́ют биле́ты в кино́. _____ ☐

5. Кот сиди́т на де́реве. _____ ☐

6. Она́ лю́бит моро́женое. _____ ☐

7. На у́лице мно́го маши́н. _____ ☐

8. В па́рке мно́го соба́к. _____ ☐

---

④ Вставь пропущенные буквы.

- Послушай, как учитель читает слова с буквами И и Й.
- Повтори слова за учителем.
- Обрати внимание на разницу между буквами И и Й.

Оше__ник

про__ти

сто__

домо__

здравству__те

магаз__н

кварт__ра

мужч__на

тр__дцать

смотр__те

- Допиши буквы И и Й в словах.
- Поставь ударение над буквой И.
- Прочитай слова.

---

⑤ Вставь пропущенные буквы.

Рас__исание __роков	
С_еда	Че_верг
Мат__матика	Литерат__ра
Исто__ия	Русски__ яз__к
Гео__рафия	Му__ыка

---

⑥ Найди слова о погоде.

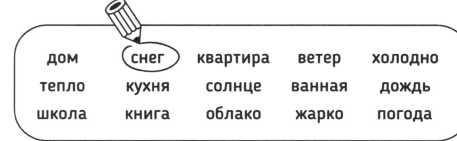

дом	снег	квартира	ветер	холодно
тепло	кухня	солнце	ванная	дождь
школа	книга	облако	жарко	погода

(7) Ответы готовы, задай к ним вопросы.

1. _____?

У меня много яблок.

2. _____?

Утром я гуляю с собакой.

3. _____?

Вечером я играю на компьютере.

4. _____?

В зоопарке мы видели обезьяну.

5. _____?

Мы идём в школу.

6. _____?

Сегодня тепло, погода хорошая.

(8) Выбери слова из рамки:

был	была	было	среда	будет
	воскресенье		вторник	

1. Сегодня вторник, завтра _____ среда.

2. Вчера _____ суббота, сегодня _____.

3. Завтра _____ четверг, сегодня _____.

4. Вчера _____ воскресенье,

завтра будет _____.

5. Вчера _____ четверг,

завтра _____ суббота.

Впиши́ ну́жные слова́.
Реши́ зада́чи.

каранда́шей	соба́ки	коро́бке	у́лице
молоко́	магази́не	шесть	

① В одно́й _____ _____ каранда́шей. На столе́ 2 коро́бки.

Ско́лько всего́ _____ в коро́бках?

Всего́:_____

② На у́лице 4 чёрных соба́ки и 3 бе́лых _____.

Ско́лько соба́к на _____?

Всего́:_____

③ В _____ ма́ма купи́ла рис за 15 рубле́й,

витами́ны за 18 рубле́й и _____ за 21 рубль

Ско́лько де́нег потра́тила ма́ма?

Всего́:_____

④ Сколько?

 48

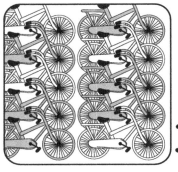 36

 12

48 ___машин___

36 _____

12 _____

 8

 14

 25

8 _____

14 _____

25 _____

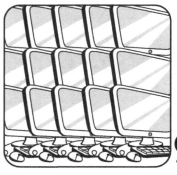 96

 5

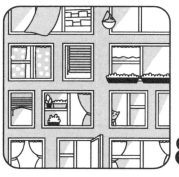 87

96 _____

5 _____

87 _____

5 · Послу́шай учи́теля.
· Послу́шай, как учи́тель чита́ет э́ти слова́.
· Повтори́ за учи́телем слова́.

гара_____

день ро_____дения

до_____дь

_____ёлтая

_____иву

мо_____но

моро_____еное

поло_____ить

у_____инать

ви_____у

· Допиши́ бу́кву Ж в слова́х.
· Прочита́й слова́

6 Вста́вь пропу́щенные бу́квы в слова́х.

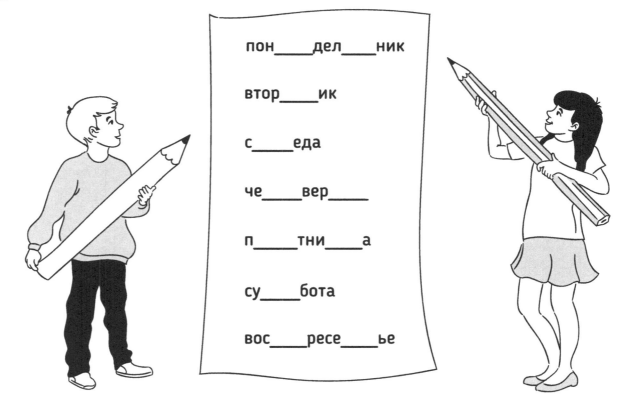

пон_____дел_____ник

втор_____ик

с_____еда

че_____вер_____

п_____тни_____а

су_____бота

вос_____ресе_____ье

⑦ В го́роде? В до́ме? В шко́ле? Напиши́ слова́

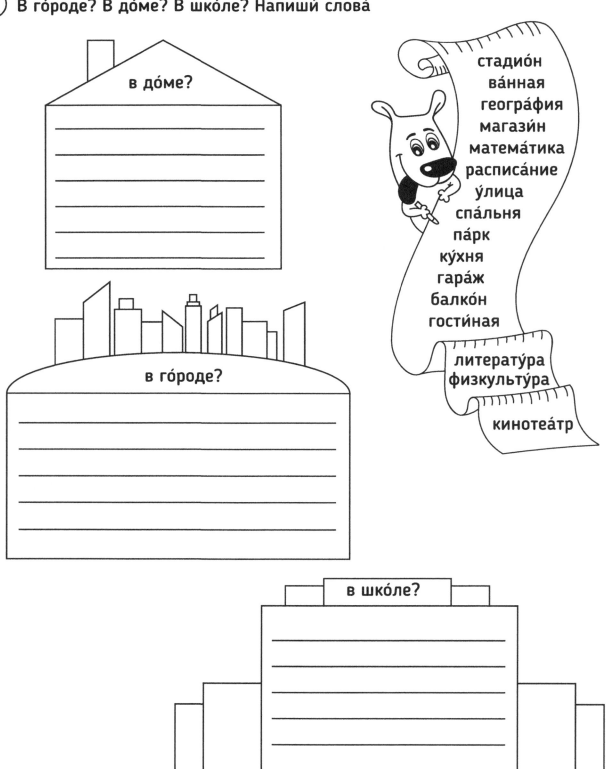

в до́ме?

в го́роде?

в шко́ле?

стадио́н
ва́нная
геогра́фия
магази́н
матема́тика
расписа́ние
у́лица
спа́льня
па́рк
ку́хня
гара́ж
балко́н
гости́ная

литерату́ра
физкульту́ра

кинотеа́тр

Словарь в картинках

Допиши слова и раскрась картинки.

   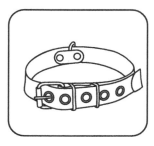

п_ _ _ _   г_ _ _ _ _ _   щ_ _ _ _ _   о_ _ _ _ _ _

  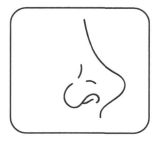 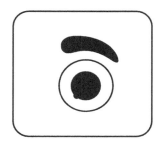

к_ _ _ _ _ _ _ _   б_ _ _ _ _ _ _ _ _   н_ _   г_ _ _

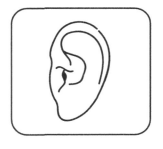 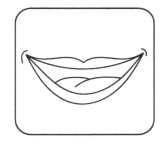  

у_ _   р_ _   в_ _ _ _ _   с_ _ _

в_ _ _ _ _ _   з_ _ _ _ _ _   о_ _ _ _ _ _ _   м_ _ _ _ _ _ _ _

Слова́рь в карти́нках

Допиши́ слова́ и раскра́сь карти́нки.

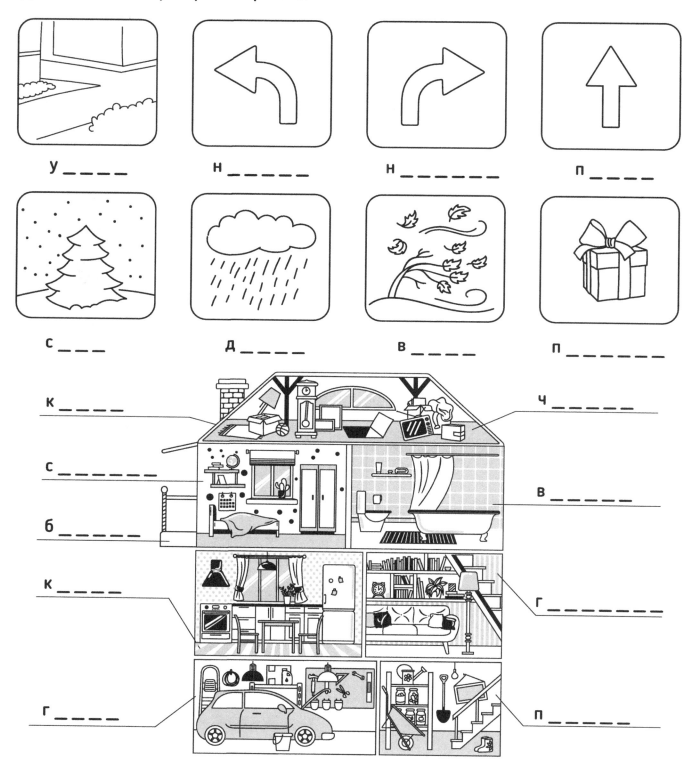

у _ _ _ _ _

н _ _ _ _ _ _

н _ _ _ _ _ _ _

п _ _ _ _ _

с _ _ _ _

д _ _ _ _ _

в _ _ _ _ _

п _ _ _ _ _ _ _

к _ _ _ _ _ _

с _ _ _ _ _ _ _ _

б _ _ _ _ _ _

к _ _ _ _ _ _

г _ _ _ _ _ _ _ _ _

ч _ _ _ _ _ _

в _ _ _ _ _ _

г _ _ _ _ _ _

п _ _ _ _ _ _

ЧТО МЫ ЗНАЕМ ОБ УЧЕБНИКЕ?

А поиграть?

Можно и поиграть.

А почему у Вас одни страницы цветные, а другие – черно-белые?

Потому что у нас две книги.

Цветные страницы в учебнике.

А черно-белые – в рабочей тетради, чтобы можно было раскрасить и порисовать.

Но это все один учебник?

Да. Когда ты выучишь слова в учебнике, напишешь их в рабочей тетради.

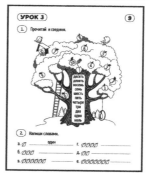

У Вас же три книги, а не две!

Это скучная книга для взрослых, там нет картинок. В ней рассказано, как работать с учебником.

А! Знаю! У Вас там ответы на задания. ДА?

Совершенно верно. А еще там сценарии игр.

Еще игры? Ура! Мы будем еще играть!

Конечно, будем играть! А еще в этой книге контрольные.

Контрольные? А разве мне нужно писать контрольные?

Я думаю, что да, нужно. На уроке я слышу, как ты говоришь по-русски, но мне надо проверить, как ты умеешь читать и писать.

Не волнуйся, ты справишься! Контрольные ведь тоже бывают интересные.

Допиши слова. [5 баллов]

Девочка в
длинной юбке ,
⑥ болш__ туфл__,
⑦ бел__ блузк__,
⑧ стар__ шляп__,
⑨ в черн__ носк__,
⑩ на высок__ стул__.

Если остались вопросы – задай их в группе на Фейсбуке:

www.facebook.com/marianna.avery/
www.facebook.com/groups/avery.soroka/

Made in the USA
Middletown, DE
02 October 2022

11678731R00040